Muslimische Frauen und der Hijab-Schleier; Unterdrückung oder Befreiung

VON The Sincere Seeker Collection

In den Medien wird der Islam manchmal als eine unterdrückerische Religion dargestellt, die insbesondere Frauen unterdrückt. Obwohl es leider wahr ist, dass einige muslimische Frauen in einigen Gebieten in muslimischen Ländern auf der ganzen Welt unterdrückt werden, ist jede Form von emotionalem, physischem oder psychischem Missbrauch oder Unterdrückung von Frauen in unserem Glauben verboten und verstößt gegen die Lehren und Gesetze des Islam. Die generelle Unterdrückung von Frauen findet in vielen Teilen der Welt statt, unabhängig von der Religion oder Kultur des Unterdrückers, selbst wenn der Unterdrücker atheistischen Glaubens ist. Es gibt jedoch keine islamischen Gesetze zur Unterdrückung von Frauen; darüber hinaus besagt der Islam ausdrücklich, dass Frauen jedes Recht auf ein menschenwürdiges Leben haben, ohne Aggression oder Missbrauch jeglicher Art ausgesetzt zu sein - genau wie ein Mann. Der Heilige Koran besagt, dass Gott, der Allmächtige, alle Arten paarweise erschaffen hat, was darauf hindeutet, dass sowohl Männer als auch Frauen von derselben Art sind. Der Prophet Muhammad, Friede sei mit ihm, sagte in einer Überlieferung, dass "*Frauen die Zwillingshälften der Männer sind.* Gott sagt im Heiligen Koran, dass:

"Die gläubigen Männer und Frauen sind einer des anderen Beschützer. Sie gebieten das Rechte und verbieten das Verwerfliche, verrichten das Gebet und entrichten die Abgabe und gehorchen Allah und Seinem Gesandten. Sie sind es, derer Allah Sich erbarmen wird. Gewiß, Allah ist Allmächtig und Allweise. (Quran 9:71)

Der Islam besagt, dass sowohl Männer als auch Frauen in einem reinen Zustand geschaffen wurden und dass beide vor Gott gleich sind. Das einzige wirkliche Kriterium, das über die Überlegenheit einer Person gegenüber einer anderen entscheidet, ist das der Frömmigkeit, des Gottesbewusstseins und der Rechtschaffenheit.

"..O ihr Menschen, Wir haben euch ja von einem männlichen und einem weiblichen Wesen erschaffen, und Wir haben euch zu Völkern und Stämmen gemacht, damit ihr einander kennenlernt. Gewiß, der Geehrteste von euch bei Allah ist der Gottesfürchtigste von euch. Gewiß, Allah ist Allwissend und Allkundig..."
(Quran 49:13)

Sowohl von Männern als auch von Frauen wird im islamischen Glauben erwartet, dass sie die gleichen Pflichten des Glaubens, der Anbetung, des Gebets, der Wohltätigkeit usw. erfüllen, und - wie im Heiligen Koran betont wird - sind Frauen im geistigen Sinne nicht anders als Männer. Sowohl Männer als auch Frauen sind der Belohnung oder Bestrafung Gottes unterworfen.

"Wer aber, sei es Mann oder Frau, etwas an rechtschaffenen Werken tut, und dabei gläubig ist, jene werden in den (Paradies)garten eingehen, und es wird ihnen nicht ein Dattelkerngrübchen Unrecht zugefügt"
(Quran 4:124)

Obwohl Männer und Frauen in den Augen Gottes geistig gleich sind, sind die beiden Geschlechter nicht identisch und weisen viele biologische, psychologische und physische Unterschiede auf - daher wäre es unlogisch, die Rollen von Männern und Frauen zu vergleichen. Die Rechte, Pflichten und Rollen der beiden Geschlechter sind ausgewogen, aber nicht unbedingt gleich. Jedes Geschlecht beansprucht unterschiedliche Rollen im Leben, und jedes ist für diese Rolle aufgrund seiner von der Natur vorgesehenen Funktionen geeignet. Im Allgemeinen verfügen Männer über mehr körperliche Kraft als Frauen, weshalb Männer und Frauen in strengen Sportarten wie Boxen oder

Basketball in getrennten Wettkämpfen gegeneinander antreten.

"...Und das Männliche ist nicht wie das Weibliche..."
(Quran 3:36)

So sind Frauen zum Beispiel für das Kinderkriegen geeignet, während Männer nicht in der Lage sind, diese Aufgabe zu erfüllen. Andererseits ist ein Mann für militärische Feldschlachten in Kriegszeiten geeignet; die Ernennung einer Frau, die anstelle eines Mannes im Feld kämpft, würde eine Armee benachteiligen.

Man sollte diese Unterschiede nicht dahingehend fehlinterpretieren, dass Männer den Frauen überlegen oder unterlegen sind; vielmehr sind diese Rollen auf die natürlichen Fähigkeiten und das richtige Funktionieren zwischen den Geschlechtern zurückzuführen. Männer und Frauen ergänzen sich gegenseitig, wobei jeder für den anderen ein Mittel zur gegenseitigen Erfüllung ist.

Männer und Frauen haben unterschiedliche Vorlieben und Vorteile in verschiedenen Bereichen. Der Heilige Koran besagt, dass Männer eine Stufe über den Frauen stehen, wobei islamische Gelehrte auf den Vers verweisen, der besagt, dass Männer für die Frauen sorgen und alle ihre Rechte gegenüber den Frauen erfüllen sollten, indem sie sie schützen, unterstützen und versorgen. Dieser Vers besagt nicht, dass Männer eine Autorität über Frauen darstellen. In Wahrheit sind die Frauen die Nutznießer dieses Verses. Die Rolle der Frau ist es, ihren Mann zu trösten und zu unterstützen. Er, der sowohl Männer als auch Frauen erschaffen hat, kennt die Fähigkeiten, Schwächen und Stärken beider Geschlechter.

Der Islam war in der Tat die erste Religion, die Frauen einen Status in der Gesellschaft zugestand. In früheren Gesellschaften, z. B. bei den Römern, Griechen und Babyloniern, wurden Frauen verunglimpft, für Sex und Vergnügen benutzt, als Eigentum behandelt und prostituiert. Einige Zivilisationen betrachteten Frauen sogar als böse Werkzeuge des Teufels und beraubten sie verschiedener grundlegender Rechte. In einigen Gesellschaften wurden sogar kleine Mädchen nach der Geburt lebendig begraben.

Außerdem wurden Frauen in vielen Gesellschaften von den Männern ihrer grundlegenden Erbrechte beraubt und als übertragbares Eigentum betrachtet und behandelt. Der Islam gab den Frauen jedoch das Recht, Eigentum zu besitzen und ihr gerechtes Erbe von Verwandten zu erhalten. Der Islam gab den Frauen das Recht auf Bildung, das Recht, zu heiraten, wen sie wollen, ihren Familiennamen nach der Heirat zu behalten, sich scheiden zu lassen, außerhalb des Hauses zu arbeiten, ihr eigenes unabhängiges Einkommen zu verdienen, ein eigenes Unternehmen zu gründen und zu wählen, und das alles zu einer Zeit, als die Gewährung dieser Rechte an Frauen nicht die Norm war. Im Islam darf der Ehemann das Geld seiner Frau nicht ohne ihren Willen anrühren, und er ist verpflichtet, sie zu unterstützen und die Haushaltskosten zu decken. Der Islam hat die Rechte einer Mutter, Ehefrau, Tochter usw. in die Annalen der Kultur aufgenommen.

Als der Heilige Koran offenbart wurde, verurteilte seine Schrift sexistische Haltungen und die Diskriminierung von Frauen und hob gleichzeitig den Status der Frauen an, ehrte sie und zeigte, wie sie ihre gottgegebene Ehre bewahren können. Nirgendwo im Heiligen Koran findet sich ein Vers, der Frauen herabwürdigt oder ihnen einen zweitrangigen Status zuweist. Der Heilige Koran widmet sogar ein ganzes Kapitel mit dem Titel *"Die Frauen",* während es kein Kapitel mit dem Titel "Die Männer" gibt. Der Heilige Koran enthält auch ein Kapitel mit dem Namen "*Maria*", und sie wird im gesamten Heiligen Buch erwähnt. Die erste Anhängerin des Islam war eine Frau (Chadidscha, die Frau des Propheten). Der erste Märtyrer des Islam war ebenfalls eine Frau.

Der Prophet Muhammad, Friede sei mit ihm, sagte in einem Hadith: *'Der vollkommenste der Gläubigen im Glauben ist derjenige, der den besten Charakter unter ihnen hat. Und die Besten unter euch sind diejenigen, die am besten zu ihren Frauen sind.'* *(At-Tirmidhi)* Wir erfahren aus einer anderen Überlieferung, in der der Prophet Muhammad, Friede sei mit ihm, sagte: *'Wer auch immer drei Töchter oder drei Schwestern oder zwei Töchter oder zwei Schwestern hat, und er verkehrt gut mit ihnen und fürchtet Allah in Bezug auf sie, dann ist das Paradies für ihn'* *(At-Tirmidhi)*

Der gute Umgang mit den Eltern, insbesondere mit der Mutter, ist im Islam und im Heiligen Koran ein wichtiges Gebot. Der Heilige Koran erhebt die Mütter in einen sehr hohen Status und befiehlt allen, ihre Mütter mit größtem Respekt, Freundlichkeit, Zärtlichkeit, Liebe, Hingabe und Sorgfalt zu behandeln. Unser Prophet, Friede sei mit ihm, sagte: *Das Paradies liegt unter den Füßen eurer Mutter"*. Und als der Prophet Muhammad, Friede sei mit ihm, von einem Gefährten gefragt wurde: *"Wer von den Menschen ist meiner Gefährtenschaft am würdigsten?* Der Prophet Muhammad, Friede sei mit ihm, antwortete: "*Deine Mutter. Daraufhin fragte der Mann: "Wer dann?",* und Prophet Muhammad antwortete: *"Deine Mutter",* woraufhin der Gefährte antwortete: *"Wer dann? Daraufhin antwortete Prophet Muhammad: "Deine Mutter",* woraufhin der Gefährte antwortete: "Wer dann? Und schließlich antwortete der Prophet Muhammad: *"Dann dein Vater".*

Während die Medien muslimische Frauen aufgrund ihres Aussehens und ihrer Kleidung oft als unterdrückt, schwach und ihren Ehemännern unterwürfig darstellen, ist die Kleidung muslimischer Frauen ein Symbol für ihre Befreiung von gesellschaftlicher Objektivierung. Eine Muslima wird im Islam und in der Scharia (islamisches Recht) geehrt. Nicht-muslimische Frauen kleiden sich oft, um die Aufmerksamkeit des anderen Geschlechts auf sich zu ziehen, während das Ziel einer muslimischen Frau darin besteht, sich angemessen und bescheiden zu kleiden und in einer Welt, in der die körperliche Form ständig betont und übermäßig in den Mittelpunkt gerückt wird, so wenig wie möglich aufzufallen.

Der Islam erhebt diejenige, die sich selbst bedeckt und ihre Integrität schützt, indem sie nicht zulässt, dass sie als Sexualobjekt behandelt wird; dass sie äußerlich nur aufgrund ihres Aussehens bewertet und beurteilt wird, anstatt innerlich aufgrund ihrer Rechtschaffenheit, ihres Charakters, ihres Geistes und ihrer Intelligenz. Eine muslimische Frau hat nicht den Wunsch, ihren Körper für Männer zu schmücken und sich selbst zu sexualisieren, um die Aufmerksamkeit anderer als ihres Ehemannes zu gewinnen. Muslimische Frauen sehen zu Maria, der Mutter des Propheten Jesus, Friede sei mit ihr, auf und identifizieren sich mit ihr, die für ihre Frömmigkeit, Rechtschaffenheit, ihren Charakter, ihr Gottesbewusstsein und ihre Bescheidenheit bekannt ist.

In der heutigen modernen arabischen Umgangssprache bezieht sich das Wort *"Hijab"* auf ein *"Kopftuch"*. Im klassischen Arabisch und in der Sprache des Koran bezeichnet Hijab jedoch einen physischen Vorhang, einen Schirm, eine Trennwand oder eine Barriere, die einen von anderen trennt, wenn sie hinter einem Vorhang stehen. Derjenige, der vom Hijab bedeckt wird oder sich hinter ihm befindet, bedeckt nicht nur seinen Kopf und seinen ganzen Körper, sondern auch den Raum um ihn herum, wenn er hinter einem Vorhang, einem Schirm, einer Trennwand oder einer Barriere steht. Nach dem Heiligen Koran war diese Art der Bedeckung eine zusätzliche Schicht, die nur von den Ehefrauen des Propheten Muhammad getragen werden durfte.

"...Und wenn ihr [seine Frauen] um etwas bittet, bittet sie hinter einer Trennwand. Das ist reiner für eure Herzen und ihre Herzen..." (Quran 33:53)

Die Frauen des Propheten mussten nicht nur ihren Kopf und ihren Körper bedecken, sondern auch eine Decke oder einen Vorhang vor sich anbringen, um ihren Raum zu verbergen, wenn sie mit anderen Personen als ihrem Mahram (einer Person, die diese Person aufgrund ihrer engen Blutsverwandtschaft nicht heiraten darf, z. B. ein Bruder, Onkel, Neffe usw.) sprechen. Der Allmächtige, der Allweise, hat den Frauen des Propheten zusätzliche Benimmregeln gegeben, die besagen, dass die edlen Frauen durch eine undurchsichtige Barriere vom einfachen Volk getrennt werden sollten. Sie bot eine zusätzliche Ebene der Privatsphäre und ist gleichzeitig ein Symbol für ihren hohen Status und ihre Würde. Es ist wichtig, zum Ausdruck zu bringen, dass die klassische Bedeutung des Begriffs *"Hijab"* im Heiligen Koran nicht mit dem übereinstimmt, wie wir den Begriff heute verstehen und verwenden. Das Tragen des im Heiligen Koran erwähnten Hijab war nur für die Frauen des Propheten vorgeschrieben, wie es im Heiligen Koran beschrieben ist. Was alle anderen muslimischen Frauen betrifft, so weist der Koran in einem anderen Vers ausdrücklich an, dass Frauen ein Kopftuch tragen sollen.

"Und sag zu den gläubigen Frauen, sie sollen ihre Blicke senken und ihre Scham hüten, ihren Schmuck nicht offen zeigen, außer dem, was (sonst) sichtbar ist. Und sie sollen ihre Kopftücher auf den Brustschlitz ihres Gewandes schlagen und ihren Schmuck nicht offen zeigen, außer ihren Ehegatten, ihren Vätern, den Vätern ihrer Ehegatten, ihren Söhnen, den Söhnen ihrer Ehegatten, ihren Brüdern, den Söhnen ihrer Brüder und den Söhnen ihrer Schwestern, ihren Frauen, denen, die ihre rechte Hand besitzt, den männlichen Gefolgsleuten, die keinen (Geschlechts)trieb (mehr) haben, den Kindern, die auf die Blöße der Frauen (noch) nicht aufmerksam geworden sind. Und sie sollen ihre Füße nicht aneinanderschlagen, damit (nicht) bekannt wird, was sie von ihrem Schmuck

verborgen tragen. Wendet euch alle reumütig Allah zu, ihr Gläubigen, auf daß es euch wohl ergehen möge!"

(Quran 24:31)

Der Heilige Koran verwendet das Wort "*Khamar*", um ein Kopftuch zu bezeichnen - das, was den Kopf bedeckt. Das Wort *Khamar* kommt von einem Wortstamm, der "etwas bedecken" bedeutet. Das Wort *Khamar* ähnelt dem arabischen Wort *Kha'mir*, das das Wort für Alkohol ist, da Alkohol den Intellekt beeinträchtigt - man kann nicht klar denken, wenn man unter Alkoholeinfluss steht, da er eine Barriere zwischen dem Verstand und der Macht der Sprache und des Denkens schafft.

Gott sagt in seinem Buch: "Sage den gläubigen Frauen, dass sie ihren *Khomar* (Plural von Khamar) über ihrem Busen tragen sollen, so wie sie ihr Tuch überwerfen und ihren Brustbereich bedecken sollen. Zusätzlich zur Bedeckung der Brust sollte also auch der Kopf bedeckt werden, denn die Bedeckung des Kopfes wird bereits durch die Verwendung des Wortes *Khomar* in diesem Vers angedeutet. Das Wesentliche des *Khamar ist* also, dass das Haar bedeckt wird und dass ein Tuch die Brust der Frauen bedeckt.

Während die Frauen zur Zeit des Propheten in der Regel ein Kopftuch trugen, entblößten einige von ihnen ihren Brustbereich, indem sie ihr Kopftuch zurückschoben; deshalb wurde ihnen von Gott dem Allmächtigen befohlen, auch ihre Brust zu bedecken.

Zusätzlich zur Bedeckung des Kopfes, des Halses und des Brustbereiches weist Gott die gläubige muslimische Frau an, sich einen Jilbab zuzulegen - ein lockeres Obergewand, das ihre Körperform nicht definiert und ihre Schönheit nicht verdeckt. Dies bezieht sich auf eine Situation, in der eine Muslima ihr Haus verlässt oder sich in der Gegenwart von Personen befindet, die nicht ihr Mahram sind.

" O Prophet, sag deinen Gattinnen und deinen Töchtern und den Frauen der Gläubigen, sie sollen etwas von ihrem Überwurf über sich herunterziehen. Das ist eher geeignet, daß sie erkannt und so nicht belästigt werden. Und Allah ist Allver gebend und Barmherzig" (Quran 33:59)

Da diese Verse im Heiligen Koran sehr explizit und direkt sind, wurden in der Vergangenheit von Vertretern der islamischen Gelehrsamkeit keine

Meinungsverschiedenheiten oder Streitigkeiten zu diesem Edikt geäußert; außer wenn es um die Frage ging, ob Frauen auch ihr Gesicht und ihre Füße bedecken sollten.

Der Hauptgrund, warum eine muslimische Frau den Hijab trägt, liegt in der Überzeugung der Muslima, dass ihr wahrer Lebenszweck darin besteht, Gott, den Allmächtigen, gemäß seinen Anweisungen anzubeten, wie sie in Gottes letzter Offenbarung an die Menschheit, dem Heiligen Koran, und durch die Lehren des Propheten Muhammad, Friede sei mit ihm, dem letzten Gesandten Gottes, offenbart wurden. Gott hat das Tragen des Hijab zur Pflicht gemacht und den gläubigen Frauen im Heiligen Koran aufgetragen, die Kopfbedeckung zu tragen. Das Tragen des Hijab ist also ein Akt der Rechtschaffenheit und ein Akt des Gehorsams gegenüber Gott. Eine muslimische Frau trägt den Hidschab, um das Wohlgefallen ihres Herrn zu suchen und zu erlangen.

Es ist die zentrale Lehre des Islam, dass es immer das Beste ist, die Anweisungen Gottes zu befolgen - unabhängig davon, ob man die Logik dahinter versteht oder nicht. Eine muslimische Frau vertraut Gott und tut, was er ihr aufträgt, im Vertrauen darauf, dass es das Beste für sie ist, denn Gott weiß besser als sie selbst, was das Beste für sie ist. Gott ist der Schöpfer von allem und ist allwissend und allweise. Nur wenn sie sich Gott unterwirft und seinen Geboten gehorcht, beginnt sie, die Früchte zu ernten und Ruhe und Zufriedenheit im Leben zu spüren, weil sie weiß, dass Gott mit ihr zufrieden ist. Indem sie sich auf die Forderungen Gottes konzentriert und sich diesen unterwirft, wird sie frei und ist nicht länger Sklavin und Gefangene des Drucks und der Wünsche der Gesellschaft.

"Wer rechtschaffen handelt, sei es Mann oder Frau, und dabei gläubig ist, den werden Wir ganz gewiß ein gutes Leben leben lassen. Und Wir werden ihnen ganz gewiß mit ihrem Lohn das Beste von dem vergelten, was sie taten" (Quran 16:97)

Der Islam betont die Beziehung zwischen dem Körper und dem Geist. Indem eine muslimische Frau ihren Körper bedeckt, schützt sie ihr Herz vor geistigen Unreinheiten. Eine muslimische Frau trägt den Hijab, um den islamischen Kodex der Bescheidenheit zu wahren. Der islamische Kodex der Bescheidenheit erstreckt sich auf alle Aspekte des Lebens, einschließlich der Kleidung und der Art und Weise, wie man sich selbst trägt. Die Kleidung einer Muslima ist ein äußerer Ausdruck innerer Reinheit, Schönheit und Demut, während das Tragen des Hijab moralisches Verhalten, Charakter, Manieren und Sprache verkörpert. Eine muslimische Frau achtet auf ihre Bescheidenheit und zieht keine unnötige Aufmerksamkeit auf sich, wie z. B. doppelte Blicke, Bewunderung, Lob oder sexuelle Anziehung durch andere Personen als ihren Ehemann.

Während die Aufmerksamkeit anderer das eigene Ego für eine kurze Zeit aufblähen kann, ist sich eine muslimische Frau bewusst, dass diese Art von Aufmerksamkeit langfristig zu Konsequenzen führen kann, wie z. B. Eifersucht anderer, Neid, Konkurrenz, Affären, ein schlechtes Vorbild für die Kinder und möglicherweise das Zerbrechen einer Ehe, wie wir es so oft im Westen und auf der ganzen Welt sehen, wo unanständige Kleidung üblich ist. Eine muslimische Frau trägt die Eigenschaft Ha'yaa (Bescheidenheit, Schamhaftigkeit und Schamgefühl) in sich und schätzt ihre Schönheit, daher verschleiert sie sich, denn der Hijab lenkt die Aufmerksamkeit von ihr ab und verbirgt und schützt die Muslima. Gott weist die Frauen auch an, ihren Blick zu senken, wenn das andere Geschlecht anwesend ist, was den Charakterzug der Haya (Schamhaftigkeit) zeigt.

"Und sage den gläubigen Frauen, dass sie ihre Sicht einschränken und ihr Geschlechtsteil schützen sollen (indem sie keusch sind) ..." (Quran 24:31)

Eine Muslima wird im Islam und in der Scharia (islamisches Recht) geehrt. Der Islam erhebt diejenige, die sich selbst bedeckt und ihre persönliche Integrität schützt, indem sie nicht zulässt, dass sie als Sexualobjekt behandelt wird; dass sie äußerlich nur aufgrund ihres Aussehens bewertet und beurteilt wird, anstatt innerlich aufgrund ihrer Rechtschaffenheit, ihres Charakters, ihres Geistes und ihrer Intelligenz. Eine Muslima hat nicht den Wunsch, ihren Körper für Männer zu schmücken und sich selbst zu sexualisieren, um die Aufmerksamkeit anderer als ihres Ehemannes zu gewinnen.

"...Das ist besser geeignet, dass sie bekannt werden und nicht missbraucht (belästigt) werden. Und immer ist Allah vergebend und barmherzig..." (Quran 33:59)

Diesem Vers zufolge sollte eine Muslima einen Hijab tragen und sich bescheiden kleiden, damit sie als Muslima erkannt werden kann, als eine Frau, die keusch ist und ihre Bescheidenheit ernst nimmt. Eine Muslima setzt einen

Standard für sich selbst und sendet eine Botschaft an alle um sie herum, dass sie sich nicht billig verkauft und ihren Wert kennt, dass sie eine starke Frau mit Mut, innerer Stärke und Tapferkeit ist und eine praktizierende Muslima, die niemanden verletzen, unterdrücken oder betrügen würde. Der Hijab ist ein Schutzschild, der eine Muslima davor bewahrt, Opfer von Belästigung, Spott, Demütigung oder Hänseleien zu werden. Sie trägt die bescheidene Kleidung nicht nur, um sich selbst zu schützen, sondern auch, um die Männer und die Gesellschaft insgesamt zu schützen.

Entgegen der landläufigen Meinung gehen viele davon aus, dass der Hijab nur getragen wird, um die unerlaubten Begierden der Männer zu zügeln. Es ist nicht die Aufgabe der Frauen, das Verhalten der Männer zu regulieren. Jeder Mann ist für sein eigenes Verhalten und Handeln verantwortlich und rechenschaftspflichtig. Tatsächlich weist der Heilige Koran auch die Männer an, bescheiden zu sein, ihren Blick zu senken, ihre Bescheidenheit zu wahren und sich in jedem Bereich ihres Lebens vernünftig zu verhalten. Gott erklärt:

"Sage den gläubigen Männern, sie sollen ihre Sicht einschränken und ihre Geschlechtsteile schützen. Das ist reiner für sie. Wahrlich, Allah weiß, was sie tun"
(Quran 24:40)

Der Heilige Koran weist Männer sogar an, sich zuerst zu bescheiden, bevor sie mit Frauen sprechen. Viele verbinden das Konzept des Hijab mit dem Tragen eines Kopftuches, aber das ist nur eine Anwendung des Konzepts. Der Hijab ist viel mehr als eine Kopfbedeckung, sondern das Gesamtkonzept, auch in anderen Aspekten des Lebens bescheiden und demütig zu sein.

Eine ähnliche Anweisung findet sich auch in der Bibel: *"Ihr habt gehört, dass gesagt worden ist: 'Du sollst nicht die Ehe brechen.'[a] 28 Ich sage euch aber, dass jeder, der eine Frau lüstern ansieht, in seinem Herzen schon Ehebruch mit ihr begangen hat"* (Matthäus-Evangelium 5,27-28)

Im Heiligen Koran wendet sich der Allmächtige speziell an die Frauen, wenn Er sie auffordert, ihren Schmuck nicht zur Schau zu stellen, außer dem, was angemessen und leicht zu erkennen ist, und ihren Schleier über ihren Körper zu ziehen, aufgrund der physischen und biologischen Unterschiede, die zwischen Männern und Frauen und ihrer Art der gegenseitigen Anziehung bestehen. Dies wird in der heutigen Welt deutlich, in der die schändliche Zurschaustellung von sexueller Anziehungskraft in erster Linie auf Männer und nicht auf Frauen ausgerichtet ist, und zwar von Unternehmen und Industrien, die darauf bedacht sind, durch ihre Werbung und den Verkauf von Produkten das Kaufverhalten von Frauen zu beeinflussen.

Einige feministische Bewegungen und Medien stellen den Hijab als ein Bild der Unterdrückung und Versklavung von Frauen dar. Obwohl es leider wahr ist, dass einige muslimische Frauen unterdrückt werden, obwohl dies gegen die Lehren des Islam verstößt, findet die allgemeine Unterdrückung von Frauen in vielen verschiedenen Teilen der Welt statt, unabhängig von der Religion oder Kultur des Unterdrückers, selbst wenn dieser Atheist ist. Man kann zwar sagen, dass eine bestimmte Regierung oder eine bestimmte Gruppe von Menschen Frauen generell unterdrückt, aber es entspricht nicht der Wahrheit, zu behaupten, dass der Islam im Allgemeinen Frauen unterdrückt. Keine islamischen Gesetze unterdrücken Frauen, die jedes Recht auf ein anständiges Leben haben, ohne Aggressionen oder Missbrauch jeglicher Art ausgesetzt zu sein.

Würden den Frauen tatsächlich ihre gottgegebenen Rechte zugestanden, gäbe es keine Unterdrückung in der heutigen Form. Leider wird der Islam nicht so praktiziert, wie er sein sollte - selbst in muslimischen Ländern, die es versäumen, die wahren Grundsätze des Islam zu praktizieren. Der Islam ehrt die Frauen, doch leider werden muslimische Frauen überall auf der Welt Opfer kultureller Entgleisungen, die in ihrem Glauben keinen Platz haben.

Eine muslimische Frau, die ihr Haar bedeckt oder ihre Religion über weltliche Ziele stellt, wird manchmal als unterdrückt bezeichnet, aber in Wirklichkeit wird Unterdrückung nicht durch ein Stück Stoff auf dem Kopf definiert, sondern durch eine Schwächung von Herz und Verstand. Befreiung bedeutet Freiheit, aber nicht die Freiheit, zu tun, was man will. Die Freiheit darf niemals auf Kosten der eigenen Person oder anderer gehen. Wenn eine muslimische Frau die Rolle erfüllt, für die sie geschaffen wurde, nämlich Gott zu finden, eine Beziehung zu ihm aufzubauen und seiner Führung und seinen Geboten zu folgen, ist sie nicht nur befreit, sondern sie wird auch gestärkt und geehrt. Sie ist befreit und losgelöst von den Fesseln der Gesellschaft, dem Druck und den unrealistischen Stereotypen und Bildern, die von den Medien diktiert werden. Muslimische Frauen, die sich entschieden haben, ihr Haar zu bedecken und sich bescheiden zu kleiden, betrachten dies als ein Recht und nicht als eine Last.

Das Konzept des Hijab ist kein Konzept, das es nur im Islam gibt. Die drei abrahamitischen Religionen haben viele gemeinsame Überzeugungen, darunter auch die Idee, das Haar in der Öffentlichkeit mit einem Schleier zu bedecken. Für jüdische Frauen und katholische Nonnen war es üblich, in der Öffentlichkeit mit bedecktem Kopf aufzutreten. Noch vor 40-50 Jahren war es für eine christliche Frau undenkbar, in die Kirche zu gehen, ohne ihren Kopf zu bedecken oder einen langen Rock zu tragen.

Tatsächlich findet sich das Konzept der weiblichen Kopfbedeckung in der Bibel, die besagt, dass eine Frau ihr Haupt bedecken muss und dass sie, wenn sie ihr Haupt unbedeckt zeigt, ihr Haupt entehrt - und dass ihr Kopf abgeschoren werden sollte: "*Jede Frau aber, die mit unbedecktem Haupt betet oder weissagt, entehrt ihr Haupt; denn das ist auch alles, als ob sie rasiert wäre. 6 Denn wenn die Frau nicht bedeckt ist, so soll sie auch geschoren sein; wenn es aber eine Schande für eine Frau ist, geschoren oder kahlgeschoren zu sein, so soll sie bedeckt sein" (1. Korinther 11, 5-6)*

Im Gegensatz zu ähnlichen Passagen im Koran stellte Paulus in diesem Vers den Schleier als Zeichen der Autorität des Mannes dar. Eine Frau, die ihr Kopftuch trägt, sollte dies seiner Ansicht nach tun, um ihre Unterordnung unter einen Mann zu zeigen. Diese sexistische Sichtweise von Frauen, die ihren Kopf bedecken, spiegelt den Einfluss bestimmter Personen im Westen wider, die den Hijab für unterdrückend und ein Symbol für Minderwertigkeit und Erniedrigung halten. Das liegt daran, dass sie unbewusst auf das jüdisch-christliche Konzept des Schleiers reagieren, der ein Symbol für die Unterwerfung der Frau unter ihren Mann ist. Dies ist im Islam nicht der Fall.

Das Konzept des Hijab ist mit obligatorischen Bedingungen verbunden, die von muslimischen Frauen befolgt werden sollten. Die Bedingungen sind, dass der gesamte Körper, mit Ausnahme des Gesichts und der Hände, bedeckt sein sollte, und zwar durch Kleidung, die locker, nicht eng, nicht durchsichtig und alles bedeckend ist. Die Kleidung sollte keine Aufmerksamkeit erregen oder den Körper betonen, sie sollte nicht parfümiert sein und nicht der Kleidung von Männern oder Ungläubigen ähneln - und sie sollte auch nicht übermäßig elegant oder verziert sein.

Gott hat eine Ausnahme von dieser Regel für diejenigen gemacht, die nicht mehr in der Lage sind, Kinder zu gebären, die keine Ehe oder sexuelle Beziehung mehr wünschen und die die Leidenschaften der Männer nicht erregen können. Diese Frauen müssen sich nicht in gleichem Maße bedecken wie andere Frauen. Sie dürfen ihr Obergewand, das auf Arabisch als Jilbab bezeichnet wird, ablegen.

"Und die Frauen nach der Menstruation, die keinen Wunsch nach Heirat haben - es ist kein Tadel, wenn sie ihre Oberbekleidung ablegen, aber keinen Schmuck tragen. Aber es ist besser für sie, wenn sie sich bescheiden zurückhalten. Und Allah ist allhörend und allwissend" (Quran 24:60)

Der Prophet Gottes, Friede sei mit ihm, lobte bescheidene Frauen, die ihre Keuschheit und die ihnen von Gott verliehene Schönheit bewahren. Der Prophet Muhammad, Friede sei mit ihm, hat auch jene Frauen verflucht, die ihre

Schönheit in der Öffentlichkeit zur Schau stellen, und gesagt, dass diese Frauen den Duft des Paradieses nicht riechen werden. Unser Prophet, Friede sei mit ihm, hat uns gewarnt, dass es gegen Ende der Zeit Frauen geben wird, die zwar bekleidet, aber nackt sind und sich von der Rechtschaffenheit abwenden und dazu neigen werden, Böses zu tun und andere in die Irre zu führen - einschließlich ihrer Ehemänner.

Meine liebe gläubige Schwester, lass dich nicht von den Einflüsterungen des Shaytan (Satan) irreführen und fehlleiten. Und lass dich nicht von Satan von deinem Schöpfer, dem Allbarmherzigen, Allliebenden, wegziehen. Ihr müsst erkennen, dass ihr nicht in der Lage seid, über euren Glauben zu verhandeln, über das, was ihr annehmen und was ihr ablehnen sollt. Du musst dich vollständig und bereitwillig unterwerfen. Und erkenne, meine liebe Schwester, dass du gesegnet bist und dich geehrt fühlst, zum Volk von La Ala Ila Allah (Es gibt keine Gottheit, die der Anbetung würdig ist, außer Allah) zu gehören. Zögere nicht, denn dein Tod kann jeden Augenblick eintreten und damit die Prüfung deines Glaubens beenden.

Es ist eine Sünde, keinen Hidschab zu tragen oder sich nicht bescheiden zu kleiden, aber es ist viel schlimmer, sein Handeln zu rechtfertigen. Wenn Sie ehrlich zu sich selbst sind und bereit sind, Ihre Übertretungen zuzugeben, erhalten Sie die Chance auf Reue, Veränderung und Vergebung. Sich der Sünde schuldig zu fühlen, ist der erste Schritt der Reue. Wie jede andere gottesdienstliche Handlung erfordert auch der Akt der bescheidenen Kleidung und des Tragens des Hijab Glauben, Opfer, Disziplin und Geduld. Sich bescheiden zu kleiden, stärkt die Beziehung zwischen Ihnen und Ihrem Herrn.

An meine liebe Schwester, die sich auf ihrem Weg zum Hijab abmüht, stärke deine Gebetsrituale und deine Verbindung zu Gott und seinem Buch. Indem du zu Ihm flehst, erlaubst du Ihm, dir zu helfen. Bete und stärke deine Verbindung zu Gott, denn diese Handlungen werden dich von Sünden und ungesetzlichen Handlungen fernhalten - und dir die Kraft geben, die du brauchst, um bösen Elementen zu widerstehen. Machen Sie jetzt den ersten Schritt und geben Sie auf Ihrer Suche nach dem Glauben niemals auf.

Tragen Sie den Hijab nur Gott zuliebe und ignorieren Sie den Lärm von außen, ignorieren Sie die Blicke und Kommentare der Leute und erkennen Sie, dass diese Reise den Kampf wert ist. Erkenne, dass es ein Ziel ist, den Menschen zu gefallen, das du niemals erreichen kannst, und dass es der Weg zu Zufriedenheit und Frieden ist, deinem Schöpfer zu gefallen. Unser Prophet, Friede sei mit ihm, hat überliefert: *Wer Allahs Wohlgefallen sucht, indem er sich den Zorn der Menschen zuzieht, dem wird Allah genügen und ihn vor den Menschen schützen. Und wer das Wohlgefallen der Menschen durch Allahs Zorn sucht, den wird Allah den Menschen anvertrauen.* Umgib dich mit rechtschaffenen, praktizierenden Schwestern und sei dir bewusst, dass du zu wertvoll bist, um für jeden Menschen zur Schau gestellt zu werden. Und sei dir bewusst, meine liebe Schwester, dass du und deine gläubigen Schwestern die letzten wahren Vertreterinnen der Weiblichkeit auf dieser Erde sind.

www.ingramcontent.com/pod-product-compliance
Lightning Source LLC
Chambersburg PA
CBHW031302120626
46545CB00007B/2941